AF365606

Fútbol:
EL JUGADOR LIBRE /
LA JUGADORA LIBRE

Concepto y 50 tareas para su entrenamiento

Manuel Jesús Crespo García

Título: FÚTBOL: EL JUGADOR LIBRE / LA JUGADORA LIBRE. CONCEPTO Y 50 TAREAS PARA SU ENTRENAMIENTO
Autor: MANUEL JESÚS CRESPO GARCÍA
Corrección del texto: MANUELA CASTILLO SOLER

Editorial: WANCEULEN EDITORIAL
Sello Editorial: WANCEULEN EDITORIAL DEPORTIVA

ISBN: 978-84-18486-12-8

DEPÓSITO LEGAL: SE 1081-2020

Impreso en España. 2020

WANCEULEN S.L.
C/ Cristo del Desamparo y Abandono, 56 - 41006 Sevilla
Dirección web: www.wanceuleneditorial.com y www.wanceulen.com
Email: info@wanceuleneditorial.com

ÍNDICE

ACLARACIÓN DE EDITORIAL WANCEULEN

Este libro trata sobre el concepto y el entrenamiento de lo que en fútbol se ha conocido como "el hombre libre". Como se podrá observar, desde Editorial Wanceulen, en un intento de integrar la realidad del fútbol femenino, hemos sustituido ese término por la expresión inclusiva "jugador libre / jugadora libre".

Para situarnos: no pretendemos con ello plantar una pica en Flandes, ni marcar un antes y un después. Aunque sea un cambio totalmente intencionado, somos humildemente conscientes de que, en la práctica, esto solo supondrá un gesto, aunque el tamaño de su repercusión no le reste importancia a la intención.

Como se verá, además del título, hemos modificado toda la redacción del documento para adaptarlo a esa realidad, de manera que la terminología contemple los dos géneros.

No es tarea fácil. El idioma español, al contrario que otros, no tiene apenas en su diccionario esos términos *comodín*, neutros en lo que a género se refiere, que sí tienen otros idiomas. La prueba de la dificultad está en que los intentos de adaptación lingüística, las diversas recopilaciones de normas para la creación o adaptación del lenguaje inclusivo, fruto de consensos de una amplitud mas o menos limitada, no se han concretado aún en consignas definitivas al respecto. Desde diversos foros se proponen diversas fórmulas de aplicación. Algunas de estas fórmulas, mas largas, redactan al completo los términos en los dos géneros (los jugadores y las jugadoras, los entrenadores y las entrenadoras...); otras fórmulas intermedias proponen el uso de caracteres auxiliares (jugadores/as, entrenadores-as...); y otras, más cortas, que facilitan la economía del lenguaje pero que chocan frontalmente con la fonética y con los sonidos existentes en nuestro lenguaje (l@s jugador@s, lxs entrenadorxs...) A ello se suma la duplicidad de género de los artículos que preceden, y del resto de componentes de las frases que también tengan que expresar un género u otro. En fin, entendemos que es aún una tarea inacabada, y en ello, la lingüística como disciplina y sus diversas ramas, y mas concretamente las instituciones académicas que la encabezan, tendrán que marcar la pauta y pronunciarse de manera unificada sobre ello. Hasta que esto no se produzca, la utilización generalizada y normalizada del lenguaje inclusivo, será una utopía. Pero el hecho de que sea difícil no es excusa para abandonar.

Mientras se unifican esos criterios, nosotros no hemos querido esperar, y hemos aprovechado el título de este libro proveniente de épocas en las que solo el hombre jugaba al fútbol, para poner nuestro grano de arena en visibilizar al fútbol femenino y darle su sitio en la redacción de este documento. A falta de consignas concretas sobre la especificidad de uso en cada caso, hemos utilizado varios métodos de los disponibles, según hemos creído idóneo. Utilizando una termino-logía que será familiar a todos aquellos y a todas aquellas que nos desenvolvemos en el deporte formativo: no nos juzguen el resultado, sino la intención y el esfuerzo.

EDITORIAL WANCEULEN

INTRODUCCIÓN

En la iniciación al mundo del entrenamiento es muy usual intentar encontrar una receta o una formula que resuelva nuestras necesidades y que cubra las posibles lagunas que tengamos en nuestro conocimiento o en nuestra capacidad.

La complejidad y diversidad del juego hacen que haya que tener un conocimiento del mismo para su enseñanza y para su aprendizaje en algunos casos.

El fútbol está evolucionando y van apareciendo nuevos conceptos con diversidad de interpretaciones atendiendo a las distintas corrientes a las que seamos más afines. No obstante, creo que todo se puede adaptar y se le puede sacar rendimiento siempre que tenga una buena argumentación y no nos dejemos atraer por dogmas.

Este libro de tareas no pretende ser una respuesta matemática a las necesidades que pueda tener un entrenador o una entrenadora para encontrar soluciones a los problemas que se le planteen. La intención es poder manejar recursos, adaptarlos a nuestra realidad de entrenamientos y que puedan introducirnos y orientarnos a conseguir en el entrenamiento los objetivos pretendidos.

He reducido el uso de material para simplificar y poder llegar a cualquier nivel de recursos, y que puedan ser llevadas a cabo en cualquier realidad, sin necesidad de unos materiales que dificulten su realización.

Existen distintos tipos de tareas para la mejora del dominio colectivo de cualquier medio que queramos que nuestro equipo maneje durante el desarrollo de los partidos. Atendiendo a la metodología empleada, la duración, los espacios, el número de jugadores... pueden variar para satisfacer nuestro modelo de juego.

A continuación, desarrollaré distintas tareas desde las más simples a las de mayor complejidad para poder trabajar el concepto del tercer hombre y que puedan formar parte de distintos modelos de juego ya que, atendiendo a las pretensiones de cada entrenador o entrenadora, y a la metodología a emplear, cada uno o cada una debe introducirlas donde considere oportuno. Estas tareas carecen de un contexto y de una estrategia operativa, para los cuales necesitarán adaptación por parte del entrenador o de la entrenadora a todas las variables que crea que pueden tener incidencia en el desarrollo del juego de su equipo y a las características del mismo.

Todas las tareas propuestas carecerán de un contexto propio, del rival, la competición y la situación para el desarrollo de la estrategia operativa y el modelo de juego.

Castellano y Casamichana (2016) proponen este cuadro para la clasificación de las tareas según los metros cuadrados por jugador o jugadora, y a las demandas a las que serán exigidas los jugadores o las jugadoras:

m^2 / jugador/a	1<2	3<4	5<7	8<10
<50	Fuerza	Fuerza	Recuperación	Recuperación
<100	Fuerza	Fuerza	Recuperación	Recuperación
<200	Frecuencia cardíaca	Frecuencia cardíaca	Velocidad	Velocidad
>200	Frecuencia cardíaca	Frecuencia cardíaca	Velocidad	Velocidad

En este libro se indicarán el número de jugadores o jugadoras y la división y distribución de los espacios. No obstante, para que la tarea se adapte a cada equipo, estado físico de los jugadores o de las jugadoras, modelo de juego y metodología, cada entrenador o entrenadora la deberá adaptar en cuanto a metros las distancias, los espacios e incluso en número de jugadores en algunos casos para tener un mejor desarrollo con su equipo.

Las tareas no tendrán límites de toques, contactos o golpeos para conseguir nuestro objetivo, ya que habrá jugadores o jugadoras que necesiten o decidan utilizar un número mayor por necesidades del juego, por condiciones técnicas o por condicionantes físicos de desarrollo. No obstante, al ser tareas abiertas, el entrenador o la entrenadora podrá condicionarlas si lo cree necesario u oportuno para conseguir los beneficios pretendidos conociendo la realidad a la que las va a exponer.

CONCEPTO DE ~~HOMBRE LIBRE~~ JUGADOR/A LIBRE EN FÚTBOL

El concepto de *hombre libre*, más correctamente *jugador libre* o *jugadora libre*, forma parte del vocabulario más usado dentro del juego de posición. El término no abarca solo una situación determinada, sino la búsqueda de una ventaja en el juego provocada por un entorno y un dominio del juego con el balón como protagonista.

En el libro *Senda de Campeones* de Martí Perarnau, Xavi explica lo que para él es el concepto de "el hombre libre":

> *Buscar el hombre libre es, por ejemplo, que los centrales tengan el balón y uno de ellos siempre quede libre porque siempre tienes un defensa más que delanteros contrarios. En ese caso, Puyol sube, sube y sube hasta que le sale al paso un rival. Si quien le intenta frenar es mi marcador, entonces el hombre libre paso a ser yo. Si le sale al paso el marcador de Iniesta, Andrés es el hombre libre. Y así buscamos la superioridad en cualquier zona del campo. Haces un tres contra dos, lo ganas y ya tienes el hombre libre. Avanzamos posiciones.*

Tras la explicación de Xavi podemos encontrar una de las formas de llegar a encontrar ese jugador libre o esa jugadora libre, para poder jugar con él o ella.

Hay autores que consideran *jugador/a libre* como la consecución de un proceso que consigue que se llegue a esa situación. Decir que *jugador/a libre* es un/a jugador/a sin oposición cercana, parece estar carente de un proceso del juego colectivo, y es más producto de estar desmarcado o desmarcada (carece de voluntad para conseguirlo), que de haberse desmarcado (con voluntad y consciencia de haberlo hecho). "Por eso *es fundamental encontrar al jugador libre en situaciones en las que sea capaz de crear desequilibrios*" (Soriano, E. 2014).

Encontrar al *jugador/a libre* es el objetivo del desarrollo del juego de posición para progresar en el juego. No obstante, también es una forma de mantener la posesión ante una situación adversa de "sentirse presionado", aunque no se progrese en el juego. Existen diversas formas de llegar a encontrar al *jugador/a libre* para el juego de posición:

- **El tercer jugador / la tercera jugadora.** Encontrar un jugador o una jugadora libre para poder jugar con un compañero que está marcado o con una compañera que esté marcada, con el que no hay línea de pase.

- **Conducir para atraer.** Llevar el balón hacia un contrario o hacia una contraria que está con un compañero o con una compañera, para captar su atención y poder liberarle de la marca.

- **Pasar para atraer.** Pasar el balón con un compañero o compañera, para inducir a que el rival abandone su posición y libere a otro compañero o compañera.

- **Atraer para pasar.** Provocar que el rival venga deteniéndome para que libere a un compañero o a una compañera.

- **Dividir rivales.** Crear incertidumbre en los rivales para generar descompensaciones en los marcajes ocupando pasillos interiores.

- **Ocupar posiciones intermedias.** Jugar entre líneas y escalonados para que se desequilibren las defensas rivales

- **Superioridades numéricas.** Provocar situaciones momentáneas de superioridad numérica para liberar jugadores o jugadoras de marca.

- **Fijar contrarios.** Llamar la atención por posición o por actitudes de uno o varios contrarios, de manera que tengan que centrar su interés y actuaciones y no puedan atender a las evoluciones de los compañeros y compañeras.

- **Jugar desde el puesto.** Utilizar las asimetrías de los sistemas para desequilibrar al rival en defensa liberando jugadores o jugadoras para recibir.

El balón tiene un nivel de seducción que no está al alcance de ningún otro. El balón es el centro del juego. A pesar de que muchos creamos que el jugador o la jugadora, es la parte más importante del juego, son la parte más importante del entrenamiento, en el juego el balón le sobrepasa atrayendo las miradas de todos los participantes, condicionando todas sus decisiones y movimientos e incluso es un canal de comunicación y un "transportador de emociones".

Luis Enrique dice que *"Los entrenadores, o al menos yo como entrenador, intentamos darles soluciones a los jugadores, que sepan dónde está, por la manera que tiene de presionar el rival, dónde creemos que van a estar los jugadores libres, en función del tipo de presión que hacen "(los rivales).*

Los movimientos o acciones que desarrolla un equipo para poder encontrar al jugador o jugadora libre, requieren de un entorno facilitador:

- Ofrecer distintas alturas de pase o soluciones al compañero poseedor o compañera poseedora del balón.

- Fijaciones horizontales y verticales que provoquen espacios interiores. Mantener amplitud para generar ventajas a los jugadores y a las jugadoras por dentro, y "ser largos" en ataque para crear espacios entre las líneas rivales.

- Generar superioridades detrás de la primera línea de presión para recibir y avanzar.

- Apoyos o arrastres de compañeros o compañeras sin balón para crear, ocupar y aprovechar espacios vacíos.

- Alternar juego largo con juego corto para provocar desajustes en el rival.

SIMBOLOGÍA

Jugadores/as	● 4
Desplazamiento con balón	——————→
Desplazamiento del balón	------------→
JG	Jugador/a
JGS	Jugadores/as

JUGADOR/A LIBRE
EN FÚTBOL

50
TAREAS PARA SU ENTRENAMIENTO

Tarea N° 1	Objetivo Principal	Mejora del concepto de *jugador/a libre*
	Jugadores/as	5 (2x3)

Explicación

JGS situados como en la imagen se pasarán el balón entre ellos, en el centro JG intentará interceptar el pase pudiendo moverse de manera lateral en el pasillo y otro por detrás de cada uno de ellos entrará para presionar cuando reciban, cuando no esté el balón en el cuadrado estarán fuera.

Tarea N° 2	Objetivo Principal	Mejora del concepto de *jugador/a libre*
	Jugadores/as	7 (4x3)

Explicación

JGS situados como en la imagen se pasarán el balón entre ellos, en el centro JG intentará interceptar el pase pudiendo moverse de manera lateral en el pasillo. JG del equipo blanco que se encuentre libre tendrá que desmarcarse al pasillo para recibir y devolver a alguno de sus compañeros.

Tarea N° 3	Objetivo Principal	Mejora del concepto de *jugador/a libre*
	Jugadores/as	6 (2+2x2)

Explicación

JGS situados como en la imagen se pasarán el balón entre ellos, JGS del centro irán a presionar pero sólo pueden hacerlo a una de las zonas. JGS con balón, cuando atraigan al rival, pasarán al otro cuadrado el balón.

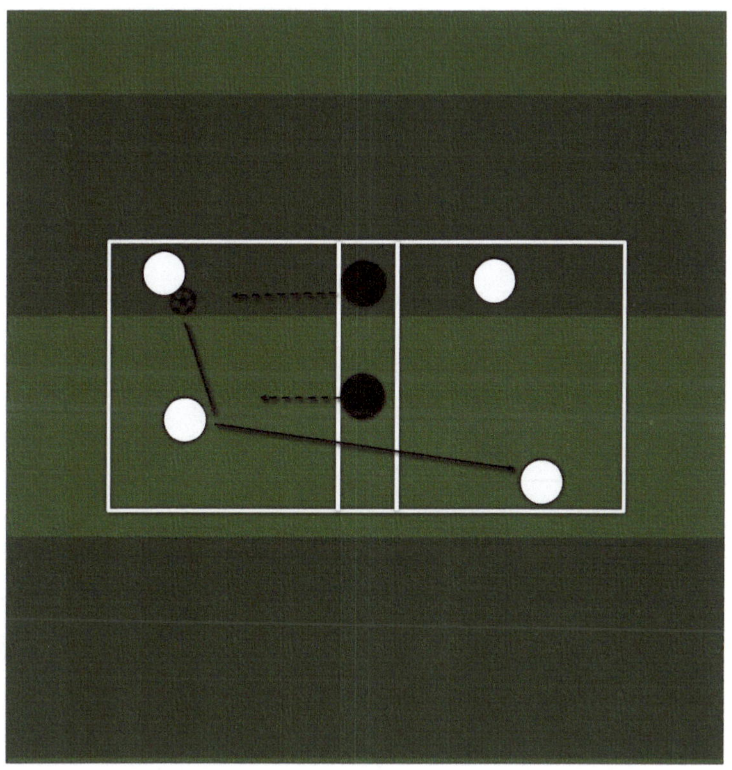

Tarea N° 4	Objetivo Principal	Mejora del concepto de *jugador/a libre*
	Jugadores/as	4 (2x1+P)

Explicación

JG que está fuera del rectángulo tiene que atravesar el rectángulo para hacer gol. En el rectángulo hay un/a compañero/a y un/a rival esperando y tendrá que atraerle para pasar al compañero/a si es jugador/a libre para poder finalizar la jugada y hacer gol.

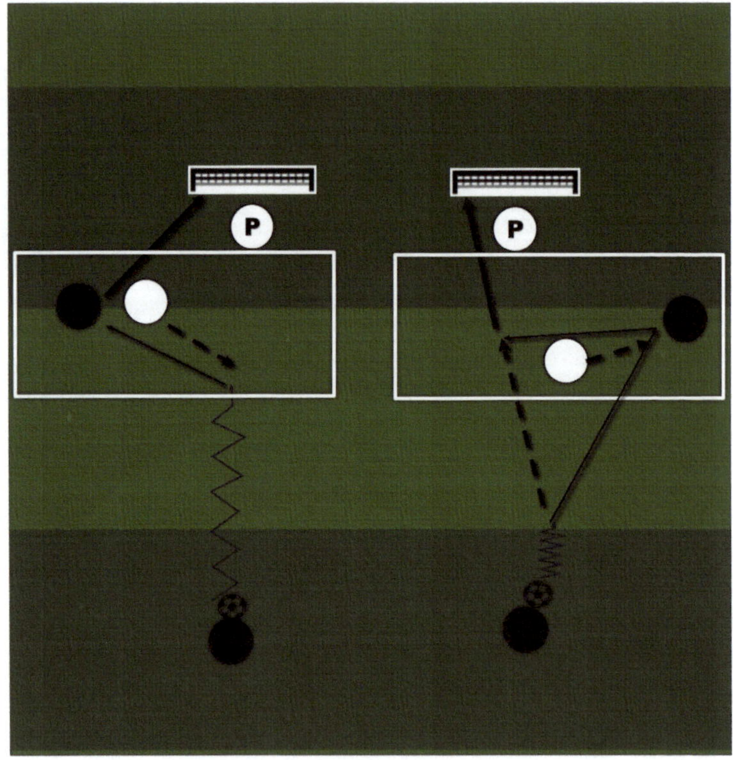

Tarea N° 5	Objetivo Principal	Mejora del concepto de *jugador/a libre*
	Jugadores/as	7 (P+1+2+1x2+P)

Explicación

JGS distribuidos como en la imagen. Cuando JG recibe de PT, tiene que volverse y apoyarse en compañero/a que queda libre para tirar a portería. 2 JGS rivales, uno/a irá a presionarle y otro/a a uno de los apoyos colocados en las esquinas. PTS alternarán para pasarle el balón y JGS no sabrán cual de ellos pasará para que pueda recibir y para que puedan presionar.

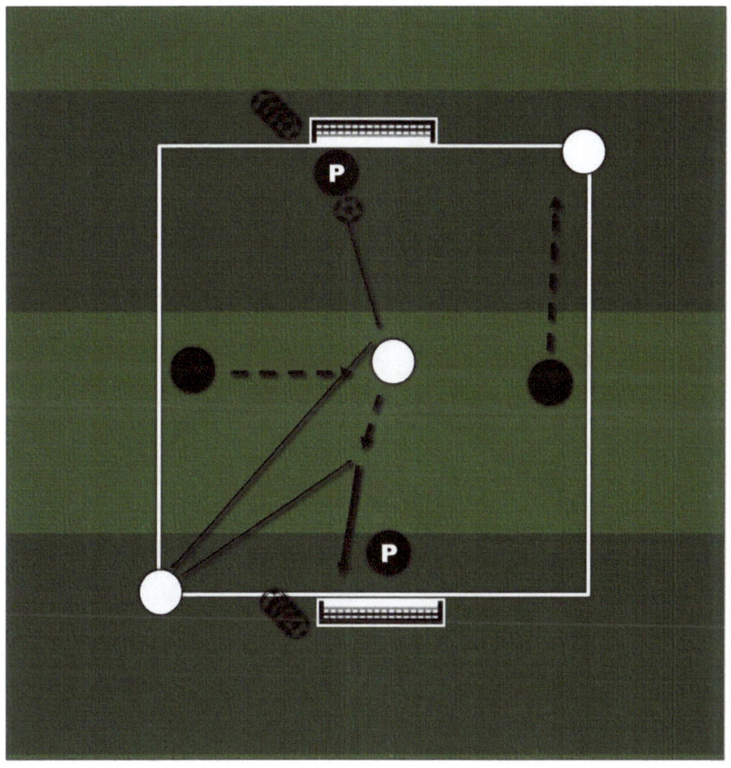

Tarea N° 6	Objetivo Principal	Mejora del concepto de *jugador/a libre*
	Jugadores/as	9 (4x4+C)

Explicación

Un equipo tiene el balón y provoca para que el rival entre a presionar al cuadrado. El equipo que está fuera se coordina para entrar a presionar y cuando lo hacen el equipo que tiene el balón pasa al comodín del otro cuadrado. Si entra un solo jugador dentro a presionar podrán pasar el balón al otro cuadrado. Cuando reciba el comodín. Les dejará allí el balón, se irá al otro cuadrado y de nuevo el otro equipo tendrá que entrar a presionar en el otro cuadrado y ellos encontrar al jugador libre. Si roban o interceptan el balón cambiarán los roles.

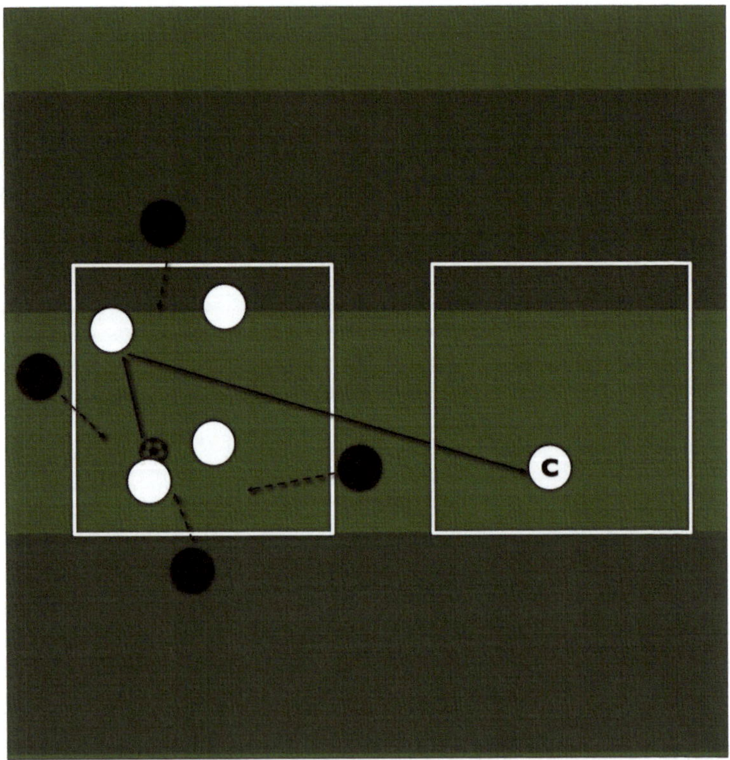

Tarea N° 7	Objetivo Principal	Mejora del concepto de *jugador/a libre*
	Jugadores/as	10 (5x4+1)

Explicación

Un equipo tiene el balón y provoca para que el rival entre a presionar al cuadrado. El equipo que está fuera se coordina para entrar a presionar y cuando lo hacen el equipo que tiene el balón pasará al jugador del otro cuadrado (si pasa un solo jugador dentro a presionar podrán pasar el balón al otro cuadrado). Cuando reciba JG libre en el otro cuadrado esperará a todos sus compañeros menos uno, que quedará donde empezaron para esperar el pase y vengan los compañeros al cuadrado a mantener el balón. El otro equipo tendrá que entrar a presionar en el otro cuadrado y ellos encontrar al jugador libre. Si roban o interceptan el balón cambiarán los roles.

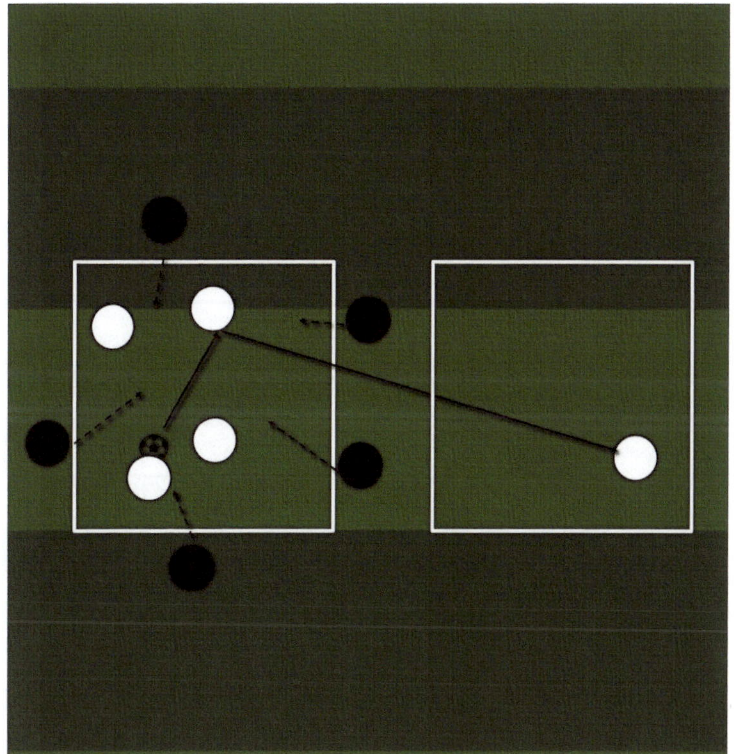

Tarea N° 8	Objetivo Principal	Mejora del concepto de *jugador/a libre*
	Jugadores/as	10 (4x4+2)

Explicación

-26-

JGS distribuidos como en la imagen. El equipo blanco tiene el balón con los comodines buscando siempre al jugador que está libre para recibir. El equipo negro cuando roba, tiene que jugar rápido con algún comodín para colocarse en la zona de los ángulos y el equipo blanco presionará para recuperar y volver a su rol.

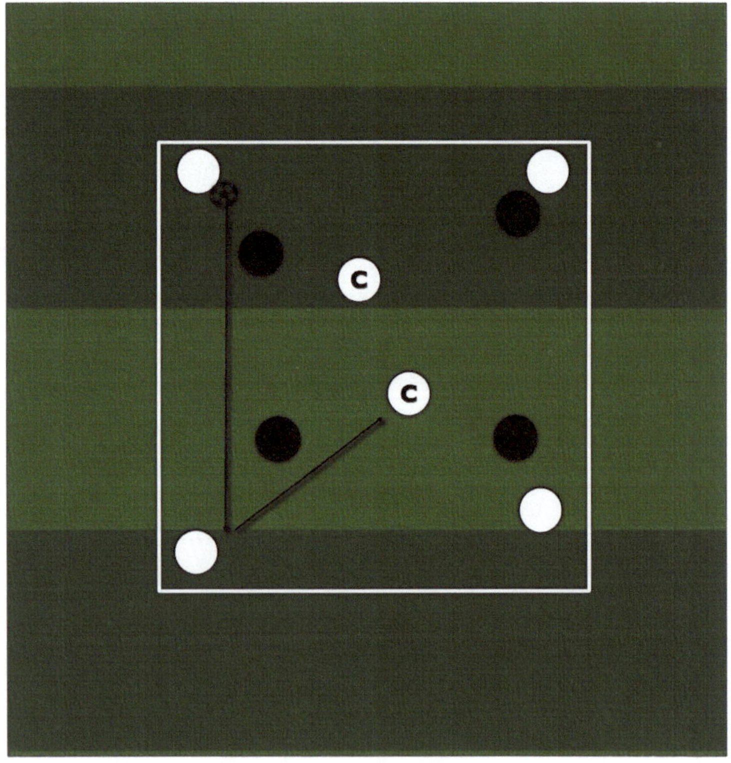

Tarea N° 9	Objetivo Principal	Mejora del concepto de *jugador/a libre*
	Jugadores/as	9 (4x4+1)

Explicación

Los equipos situados como en la imagen. El equipo que está por fuera intentará mantener la posesión de balón con el comodín. Si el equipo blanco roba, cambiará el rol con el equipo negro y podrá jugar con el comodín.

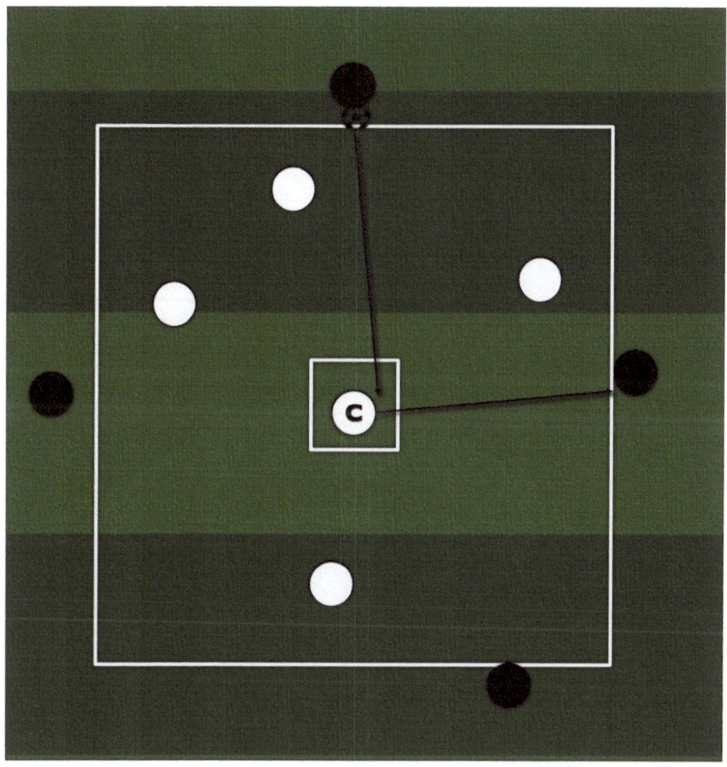

Tarea N° 10	Objetivo Principal	Mejora del concepto de *jugador/a libre*
	Jugadores/as	18

Explicación

En un rectángulo dividido en 6 partes iguales distribuidos JGS como en la imagen. Cada equipo tendrá que mantener la posesión de balón no pudiendo jugar nunca con ningún compañero/a de su misma división, buscando siempre JG libre.

Tarea N° 11	Objetivo Principal	Mejora del concepto de *jugador/a libre*
	Jugadores/as	16 (6x6+4)

Explicación

En un rectángulo dividido en tres campos iguales, los equipos se colocarán en la disposición de la imagen. No pudiendo abandonar JGS su zona, pudiendo cambiar el balón de una a otra para mantener la posesión. Los comodines participarán con el equipo poseedor del balón.

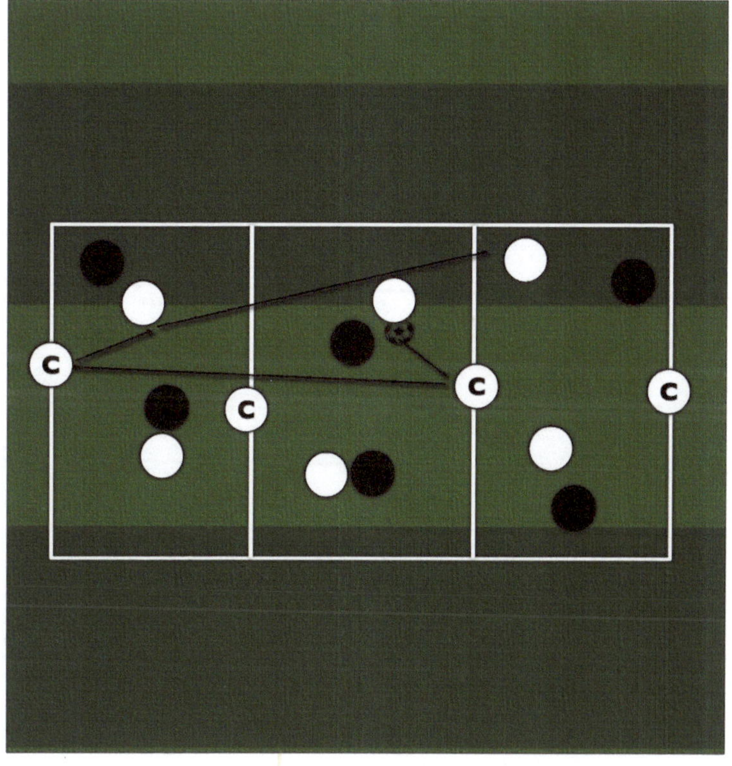

Tarea N° 12	Objetivo Principal	Mejora del concepto de *jugador/a libre*
	Jugadores/as	7 (4x3)

Explicación

Los equipos situados como en la imagen. El equipo negro tiene el balón y JG blanco que le vaya a la presión del cuadrado, liberará a otro/a JG y podrá jugar con él como jugador/a libre.

Tarea N° 13	Objetivo Principal	Mejora del concepto de *jugador/a libre*
	Jugadores/as	9 (4x4+C)

Explicación

JGS distribuidos como en la imagen. JGS del equipo blanco podrán presionar y tendrán libertad de movimientos hasta que recuperen. JGS del equipo negro cada uno en un cuadrado no podrán salir y apoyados por el comodín mantendrán la posesión del balón buscando al jugador libre. Cuando pierdan el balón cambiarán los roles.

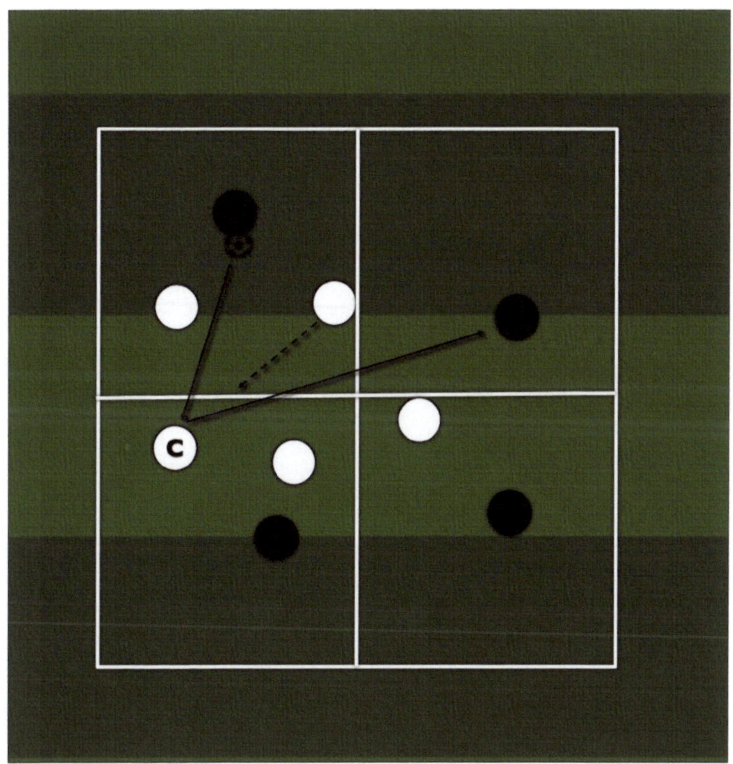

Tarea N° 14	Objetivo Principal	Mejora del concepto de *jugador/a libre*
	Jugadores/as	10 (4+1x4+1)

Explicación

En un cuadrado dividido en dos partes un equipo tiene que mantener el balón en una mitad con JG de apoyo en la línea. El otro equipo cuando recupera, juega con compañero/a que estaba en la otra mitad, el que le pasó el balón, se colocará en la línea divisoria como apoyo y JG que perdió el balón se quedará a la espera (en la mitad donde partió) a que su equipo recupere y juague con él.

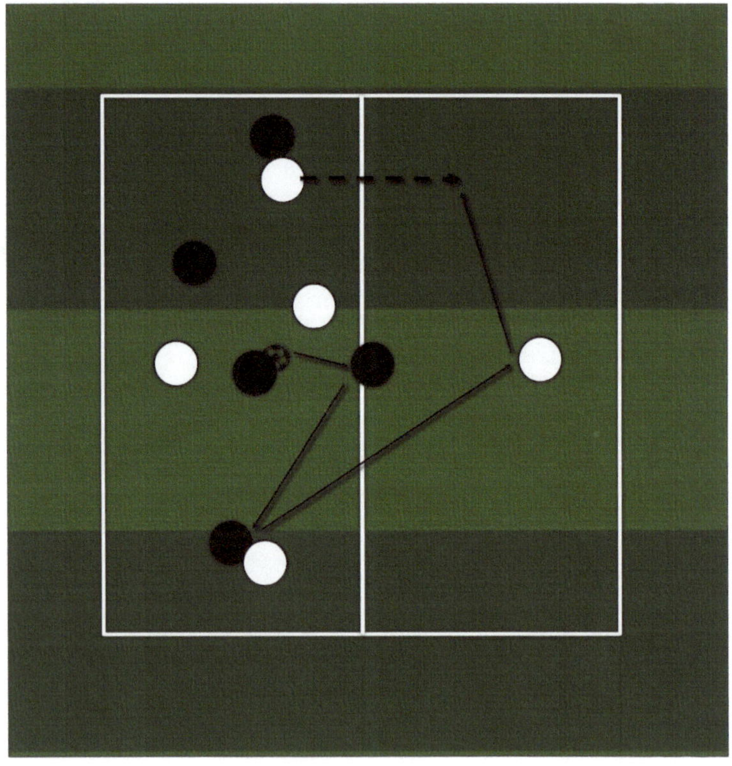

Tarea N° 15	**Objetivo Principal**	Mejora del concepto de *jugador/a libre*
	Jugadores/as	9 (4x4+1)

Explicación

En un cuadrado dividido en dos partes y con JGS distribuidos como en la imagen. Un equipo tiene que mantener el balón en una mitad y el otro en la otra. El comodín participará con el equipo que no tiene balón, que cuando recupera (el equipo), pasa al compañero/a que se encontraba en la otra mitad y se llevarán el balón a la otra mitad. El equipo que perdió el balón, dejará un/a JG en la mitad en la que se empezó para cuando recuperen poder llevarlo de igual modo.

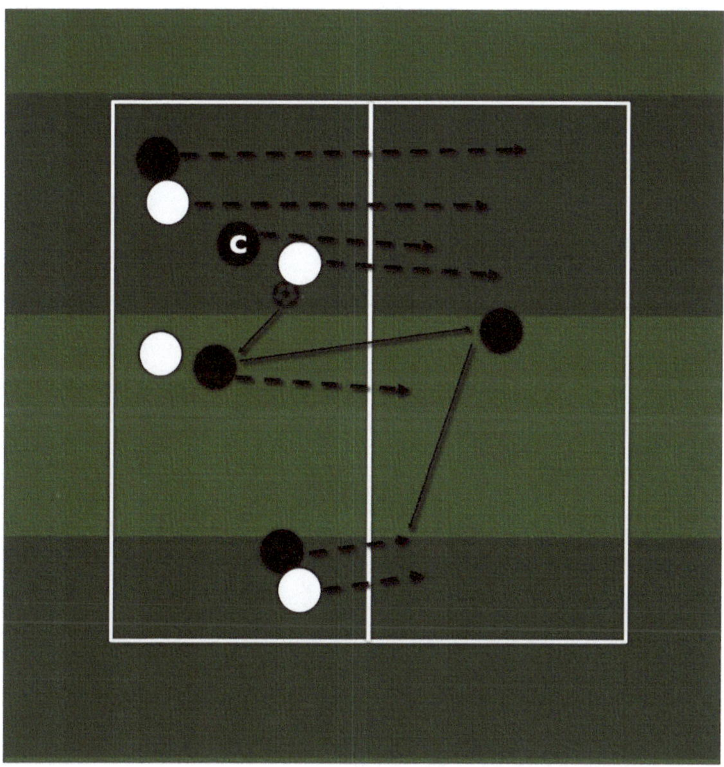

Tarea Nº 16	Objetivo Principal	Mejora del concepto de *jugador/a libre*
	Jugadores/as	8 (4x4)

Explicación

En un cuadrado dividido en dos partes un equipo tiene que mantener el balón en una mitad y el otro en la otra. Cuando se recupera el balón se juega con compañero/a que estaba en la otra mitad (que será presionado por el que estaba fuera del cuadrado del equipo que comenzó con la posesión), este jugará con sus compañeros. Se irán ambos equipos a jugar al nuevo espacio, dejando el que recuperó un/a JG fuera y el que tiene que robar uno en la mitad en la que se partió para recibir cuando su equipo recupere.

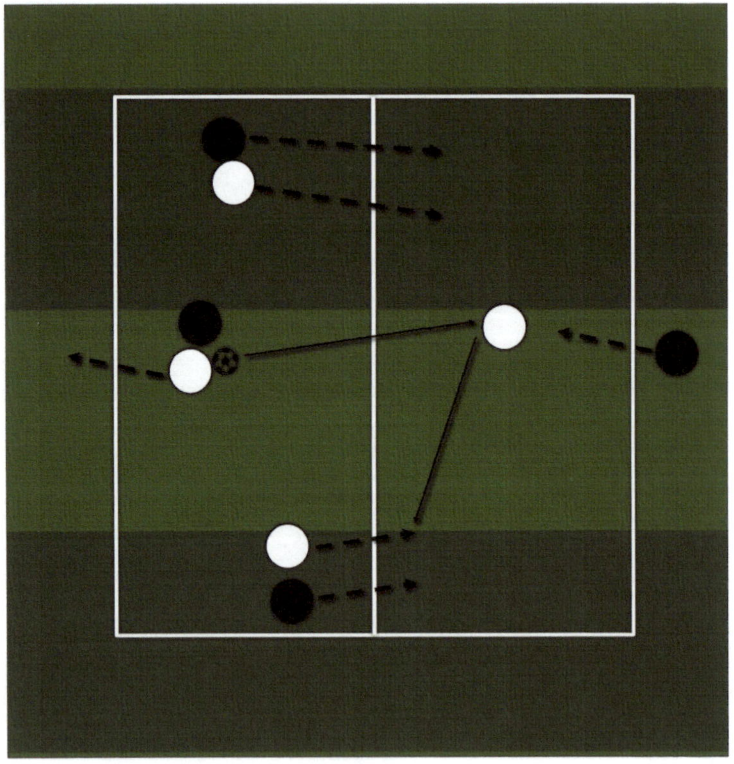

Tarea N° 17	Objetivo Principal	Mejora del concepto de *jugador/a libre*
	Jugadores/as	10 (3+C+3x3)

Explicación

En un rectángulo dividido en dos cuadrados, el comodín se sitúa en el centro y los tres equipos como en la imagen. Se juega 4 contra 3 en un cuadrado, JGS que tienen balón (blanco) juegan con el comodín. Cuando el equipo negro recupera intenta jugar con el comodín para cambiar al otro cuadrado. El equipo blanco entrará a robar e irá al otro cuadrado a recuperar y el equipo negro ocupará el rol del blanco para cuando pierda el tercer equipo mantener el balón con el comodín y que vengan a robar.

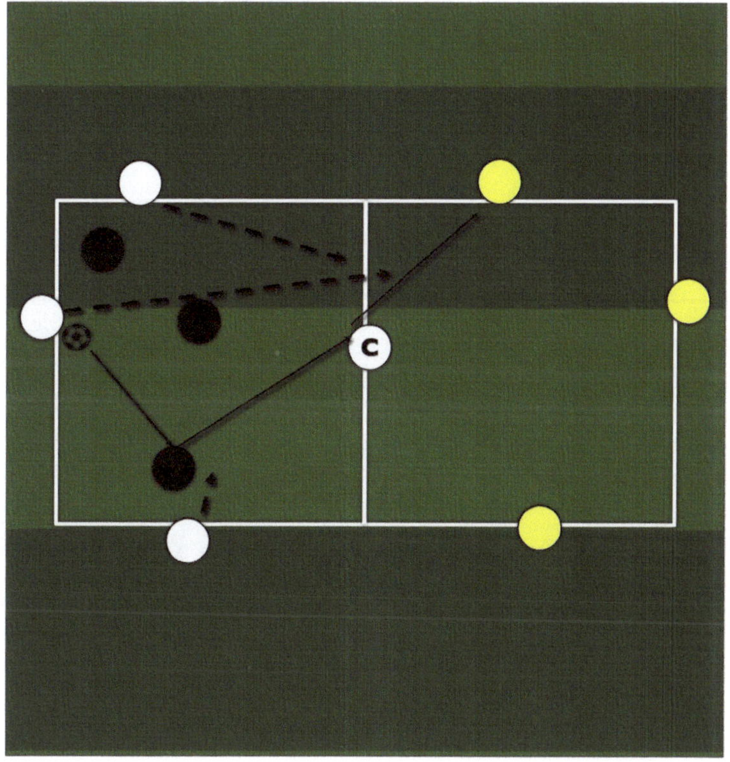

Tarea Nº 18	Objetivo Principal	Mejora del concepto de *jugador/a libre*
	Jugadores/as	17 (8x8+C)

Explicación

En un rectángulo dividido en dos cuadrados, con un pasillo central, el comodín se sitúa en el pasillo y los equipos se reparten 4 contra 4 en cada cuadrado, apoyados por el comodín cuando tienen la posesión de balón como en la imagen. El comodín no podrá devolver el balón al cuadrado del que recibió. Cuando un equipo recupera cambian el rol y el comodín juega con el poseedor del balón.

Tarea N° 19	Objetivo Principal	Mejora del concepto de *jugador/a libre*
	Jugadores/as	15 (7x7+C)

Explicación

En un rectángulo dividido en dos cuadrados, con un pasillo central, el comodín se sitúa en el pasillo y los equipos se reparten 4 contra 3 en cada cuadrado. Cada vez que un equipo recupera, tiene que pasar a sus compañeros de la otra mitad. El comodín intentará interceptar los pases para que el balón no salga de la mitad en la que se está jugando y el equipo que perdió presionará para que no salga del cuadrado el balón.

Tarea N° 20	Objetivo Principal	Mejora del concepto de *jugador/a libre*
	Jugadores/as	9 (4x4+C)

Explicación

En un rectángulo dividido en dos cuadrados, JGS se colocan en la disposición de la imagen. El equipo que no tiene el balón (negro) intentará quitar el balón y pasarlo al comodín a la otra mitad para mantener allí el balón. El otro equipo (blanco) cuando pierde el balón presionará para recuperar rápido y si recupera en el otro cuadrado pasará al comodín para volver a tener el balón donde empezaron. El comodín siempre estará en el cuadrado donde no estén manteniendo el balón.

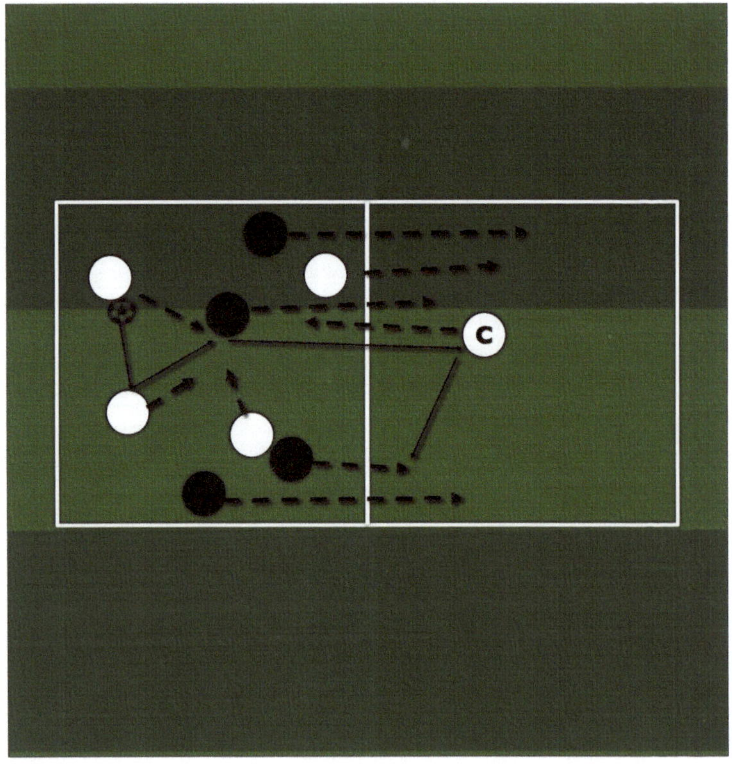

Tarea N° 21	Objetivo Principal	Mejora del concepto de *jugador/a libre*
	Jugadores/as	9 (2+2x2+C+2)

Explicación

En un rectángulo dividido en dos cuadrados y JGS distribuidos como en la imagen. el comodín participará con el que recupera el balón para llevarlo al otro cuadrado, una vez que el balón este allí, pasará a formar parte del otro equipo para recuperar.

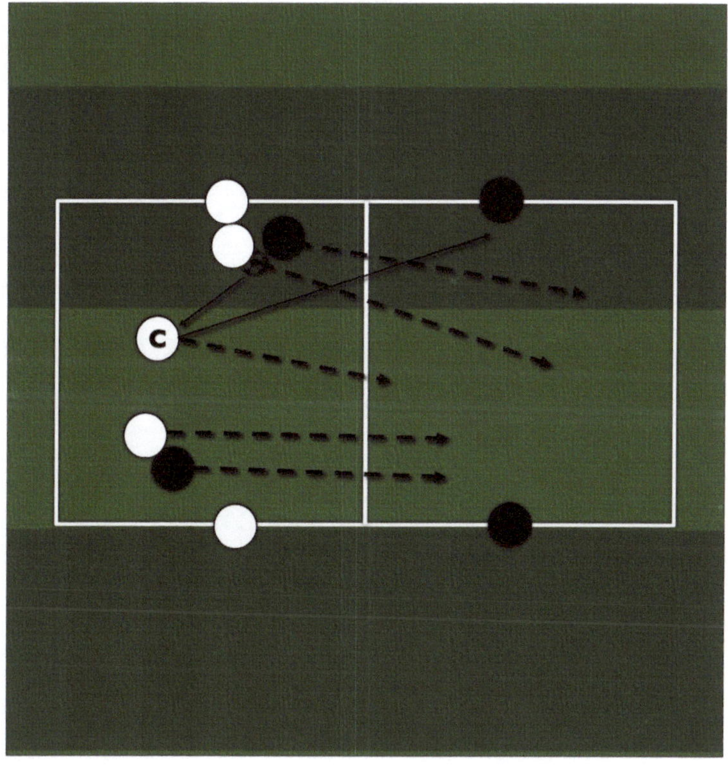

Tarea Nº 22	Objetivo Principal	Mejora del concepto de *jugador/a libre*
	Jugadores/as	18

Explicación

-40-

En un rectángulo dividido en 8 partes iguales distribuidos JGS como en la imagen (2 en cada cuadrado, uno de cada equipo) y los comodines sobre las líneas). Cada equipo tendrá que mantener la posesión de balón apoyándose en los comodines que tendrán libertad de movimientos.

Tarea N° 23	Objetivo Principal	Mejora del concepto de *jugador/a libre*
	Jugadores/as	15 (5x5x5)

Explicación

En un rectángulo dividido en dos cuadrados, con un pasillo central, los equipos se distribuyen como en la imagen. Cuando el quipo negro pierde el balón el equipo blanco pasa a un/a compañero/a del pasillo central que pasa el equipo que estaba esperando en el otro cuadrado. El equipo que perdió el balón (negro) se situará como estaba el blanco para cuando recuperen (3 dentro para robar y dos en el pasillo) en el otro cuadrado. El equipo blanco quedará esperando como el tercer equipo al principio, para que cuando negro recupere, juegue de nuevo con blanco y venga a presionar el tercer equipo que se colocó como el equipo negro para mantener el balón.

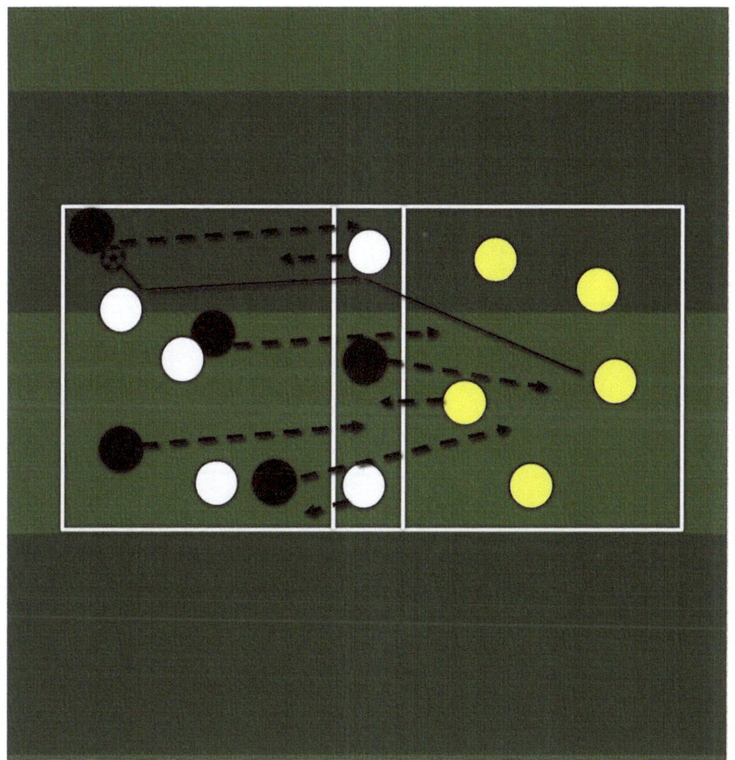

Tarea N° 24	Objetivo Principal	Mejora del concepto de *jugador/a libre*
	Jugadores/as	9 (P+3x3+2)

Explicación

-42-

En un trapecio en el que el lado mas pequeño viene delimitado por la portería. Juegan 3 contra tres con una portería y dos comodines en los laterales. El gol solo vale de pase de uno de los dos comodines..

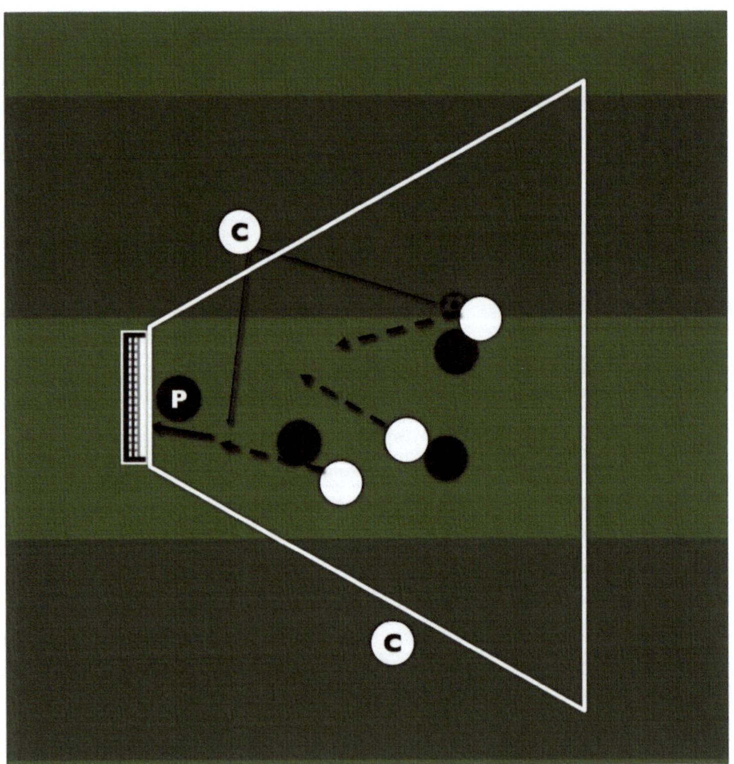

Tarea N° 25	Objetivo Principal	Mejora del concepto de *jugador/a libre*
	Jugadores/as	11 (1+4x4+1+P)

Explicación

En un rectángulo con un pasillo cercano a la portería, se colocan dos equipos como en la imagen. Un equipo mantendrá el balón y el otro intentará robar y pasar al jugador que está cercano a la portería para que finalice. El otro presionará para que no puedan pasar y JG del pasillo intentará interceptar el pase.

Tarea N° 26	Objetivo Principal	Mejora del concepto de *jugador/a libre*
	Jugadores/as	10 (P+4x4+C)

Explicación

En un rectángulo dividido en dos cuadrados, JGS se colocan en la disposición de la imagen. El equipo que no tiene el balón (negro) intenta quitar el balón y pasarlo al comodín para hacer gol. El otro equipo (blanco) cuando pierde el balón presionará para recuperar rápido y que no puedan pasar al comodín. Si pasan al comodín, JGS se incorporarán al ataque para finalizar.

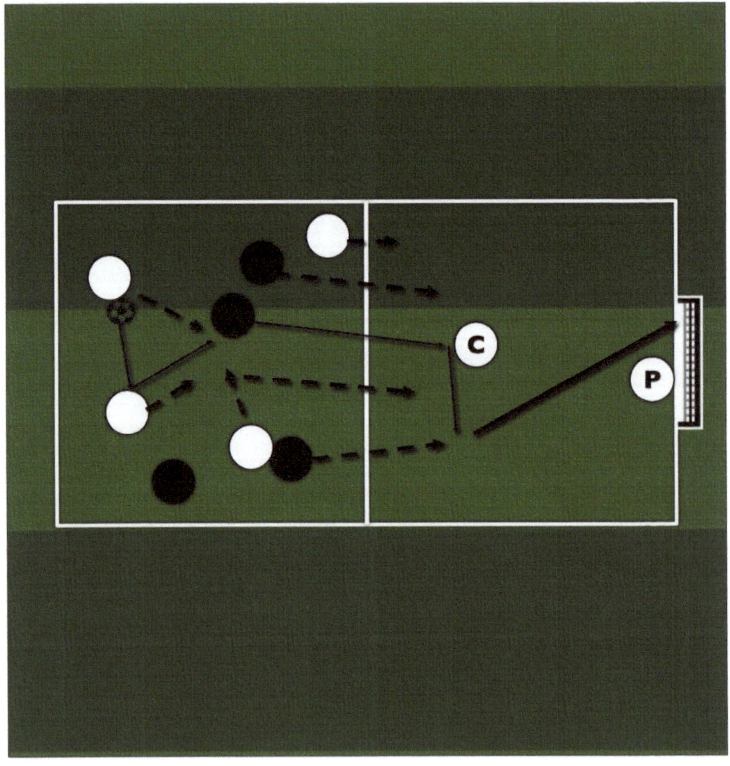

Tarea Nº 27	Objetivo Principal	Mejora del concepto de *jugador/a libre*
	Jugadores/as	10 (P+4x4+C)

Explicación

En un rectángulo dividido en dos cuadrados, JGS se colocan en la disposición de la imagen. El equipo que no tiene el balón (negro) intenta quitar el balón, y pasar al comodín para hacer gol. El otro equipo (blanco) cuando pierde el balón presionará para recuperar.

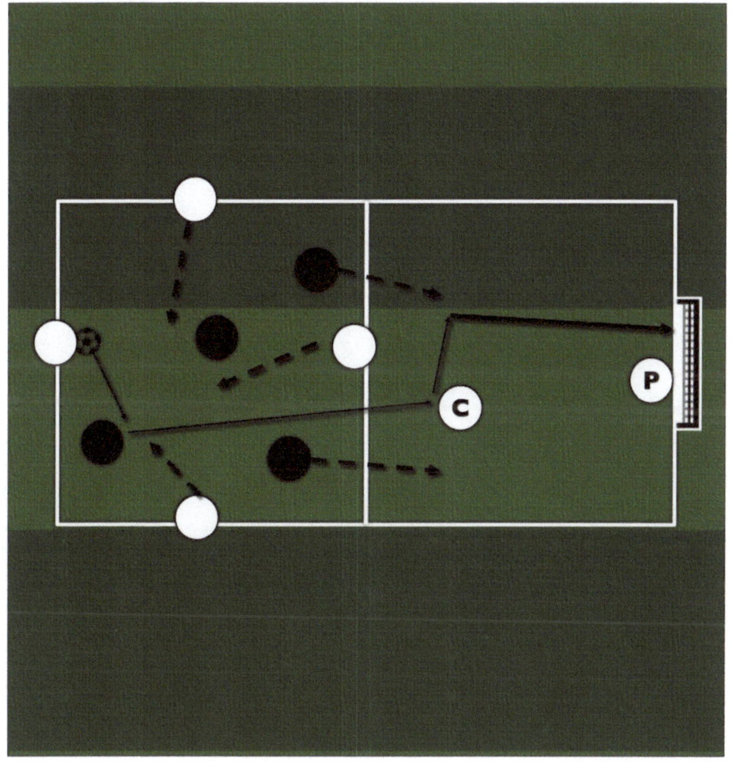

Tarea N° 28	Objetivo Principal	Mejora del concepto de *jugador/a libre*
	Jugadores/as	10 (P+4x4+P)

Explicación

En un rectángulo dividido en dos cuadrados, JGS se colocan en la disposición de la imagen. El equipo que no tiene el balón (blanco) coordinará para entrar en el cuadrado a presionar (3 JGS). El otro equipo (negro) atraerá al rival y cuando entran a presionar los tres JGS de equipo blanco jugará con jugador/a libre para poder atacar la portería. Si roba el equipo negro intenta hacer gol y cambian los roles.

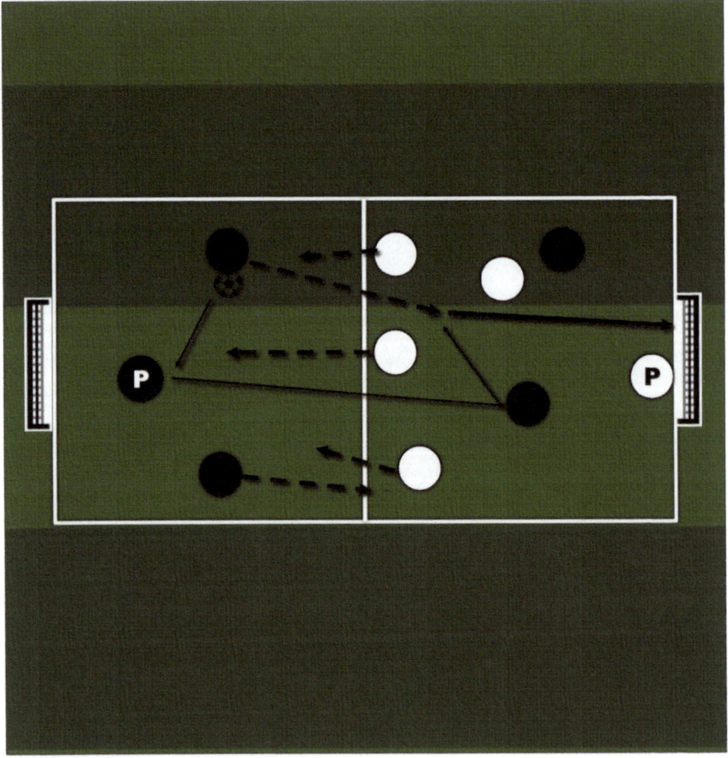

Tarea N° 29	Objetivo Principal	Mejora del concepto de *jugador/a libre*
	Jugadores/as	14 (P+6x6+P)

Explicación

En un rectángulo dividido en tres campos iguales, se colocarán dos JGS de cada equipo en cada división mas PTS. Solo pudiendo cambiar de zona los equipos cuando tienen el balón, cuando lo pierden volverán cada uno a su división. Cuando un equipo recupere, intentará atacar rápido antes que se ordene el equipo contrario.

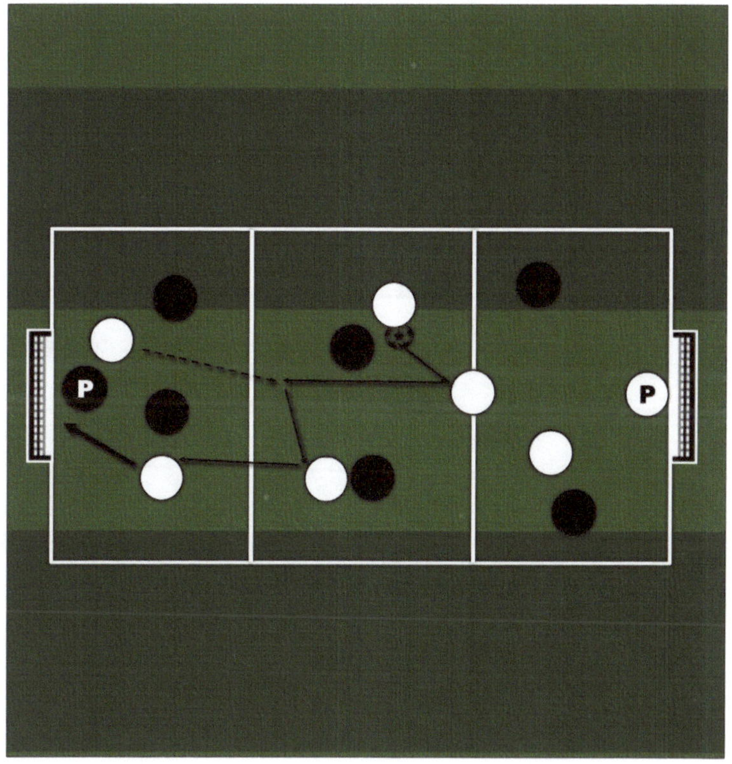

Tarea N° 30	Objetivo Principal	Mejora del concepto de *jugador/a libre*
	Jugadores/as	10 (P+1+3x3+1+P)

Explicación

En un rectángulo dividido en tres campos iguales, se colocarán tres JGS de cada equipo en la división del centro y uno en la zona del PT rival. Cada equipo intentará jugar con compañero/a adelantado para hacer gol.

Tarea N° 31	Objetivo Principal	Mejora del concepto de *jugador/a libre*
	Jugadores/as	10

Explicación

JGS distribuidos como en la imagen. Cada equipo, cuando recupere el balón intentará jugar con JG cercano a la portería contraria para que tire a portería. El equipo que pierda presionará rápido para recuperar y JG del pasillo intentará interceptar el pase para recuperar y que su equipo pueda hacer gol en la otra portería encontrando al hombre libre.

Tarea N° 32	Objetivo Principal	Mejora del concepto de *jugador/a libre*
	Jugadores/as	10 (P+4x4+P)

Explicación

En un cuadrado dividido en dos partes con dos porterías y PTS. JGS atacantes y defensores no podrán salir de su mitad, pero uno de los que defienden su portería se colocará cuando atacan en el centro como apoyo y no podrá volver atrás hasta que no jueguen con JGS que están en su zona. Los equipos cuando recuperan juegan con los adelantados encontrando al hombre libre.

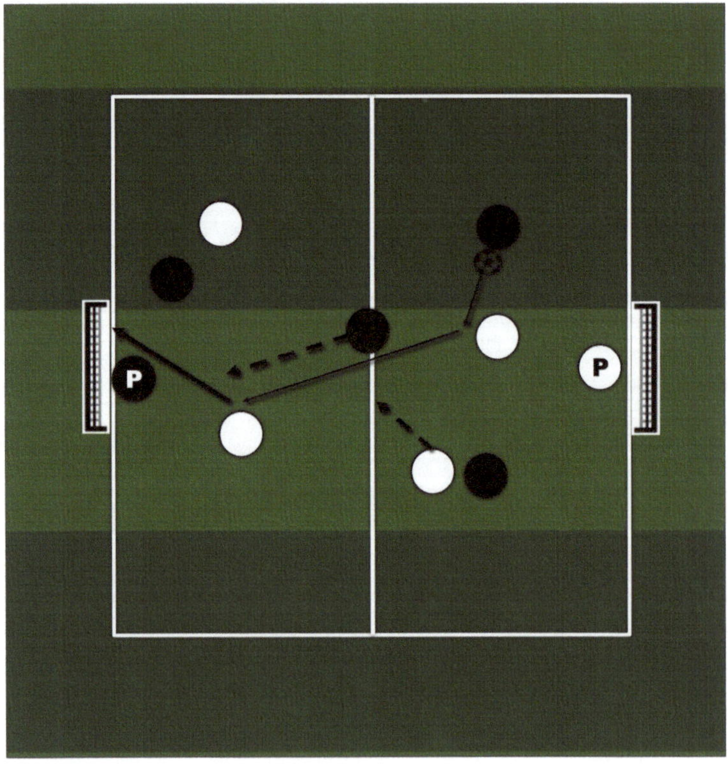

Tarea N° 33	Objetivo Principal	Mejora del concepto de *jugador/a libre*
	Jugadores/as	10 (1+P+3x4+P)

Explicación

En un cuadrado dividido en dos partes con dos porterías y PTS, dejando el equipo con balón solo un/a JG en una mitad. Los equipos intentarán atraer a los rivales (que presionarán al balón) a una mitad de campo, pasarán al compañero/a libre y atacarán rápido hacia la portería cuando todos los rivales hayan pasado la mitad. Si un equipo recupera cambia el rol con el otro equipo.

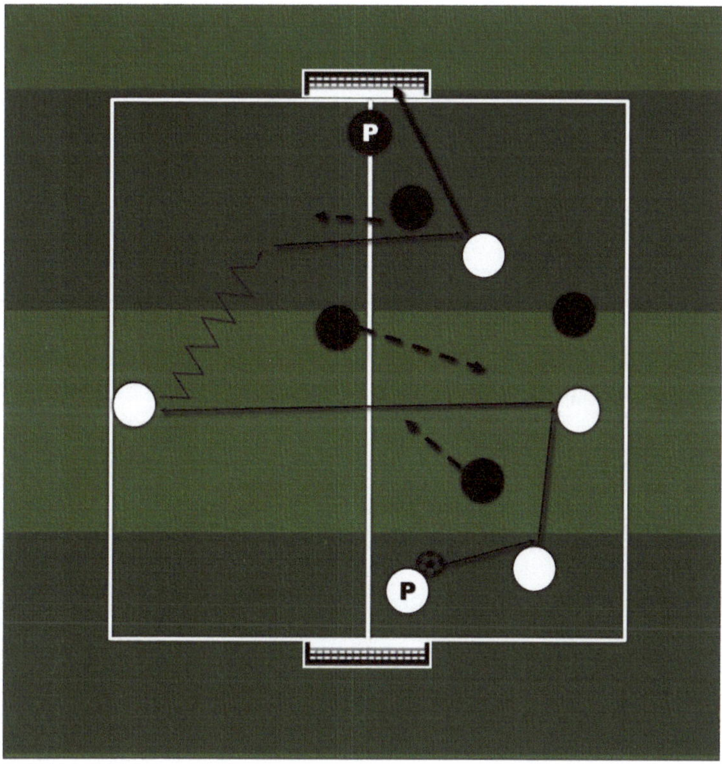

Tarea N° 34	Objetivo Principal	Mejora del concepto de *jugador/a libre*
	Jugadores/as	14 (P+6x6+P)

Explicación

En un rectángulo dividido en tres campos iguales, los equipos se colocarán en la disposición de la imagen. Cada equipo intentará jugar con alguno de JGS que están en la zona cercana a la portería que atacan. Cuando estos reciban tendrán que pasar a alguno de sus compañeros de ataque y los defensores que estaban detrás de la línea de fondo saldrán a defender la acción y los que estaban en la zona central podrán entrar sólo para atacar.

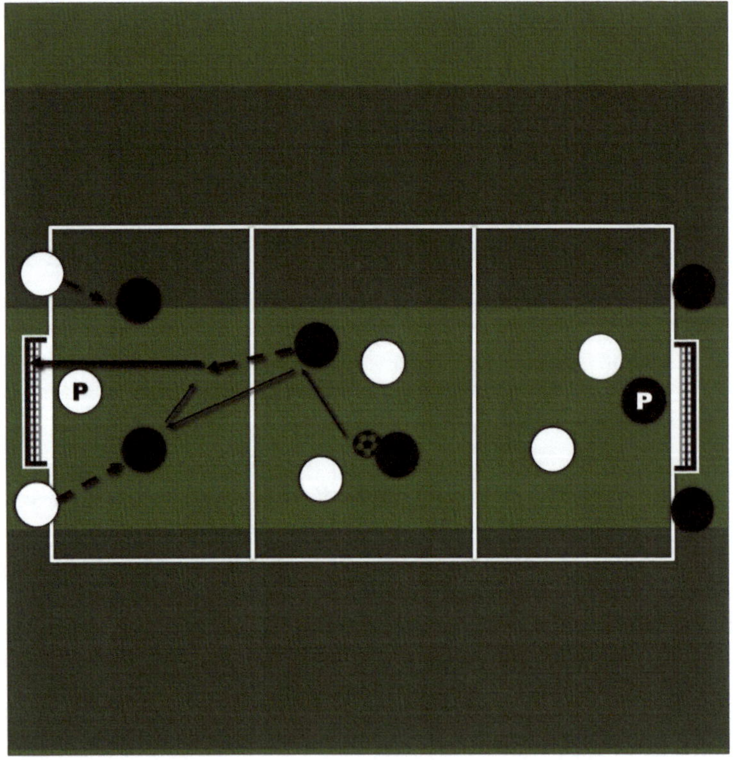

Tarea N° 36	Objetivo Principal	Mejora del concepto de *jugador/a libre*
	Jugadores/as	14 (P+6x6+P)

Explicación

En un rectángulo dividido en tres campos iguales, los equipos se colocarán en la disposición de la imagen. Cada equipo intentará jugar con alguno de JGS que están en la zona cercana a la portería que atacan. Cuando estos reciban tendrán que finalizar la jugada, el defensor que estaba detrás de la línea de fondo saldrá a defender la acción y los que estaban en la zona central y en la línea no podrán entrar para atacar.

Tarea N° 35	Objetivo Principal	Mejora del concepto de *jugador/a libre*
	Jugadores/as	8 (P+3x3+P)

Explicación

JGS y el campo distribuidos como en la imagen. El equipo que defiende puede cambiar de zona y en el que tiene el balón solo lo podrá hacer PT. Intentarán atraer y provocar para dejar un hombre libre y jugar con él para hacer gol.

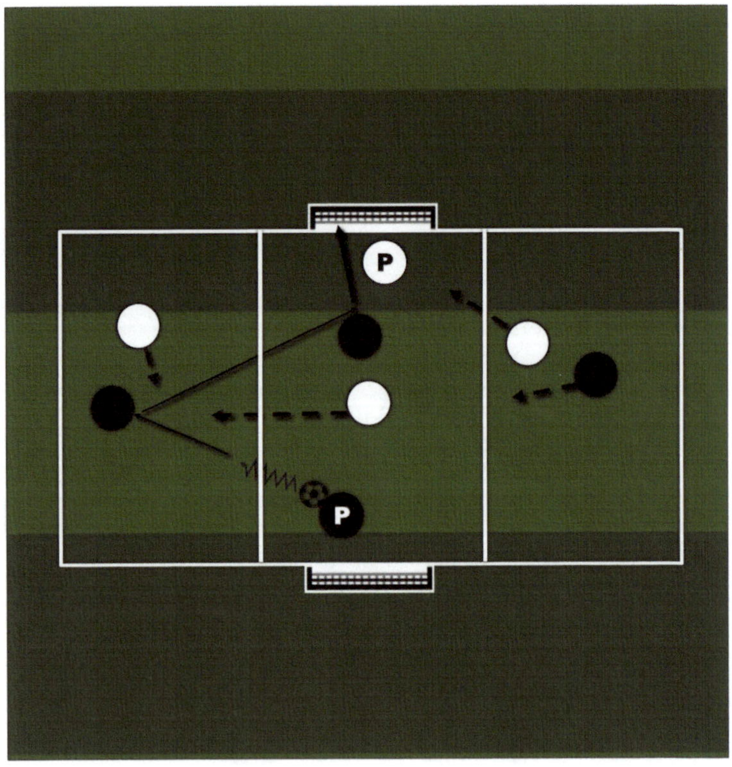

Tarea N° 37	Objetivo Principal	Mejora del concepto de *jugador/a libre*
	Jugadores/as	8 (P+3x3+P)

Explicación

JGS y el campo distribuidos como en la imagen. El equipo que tiene el balón puede cambiar de zona. Intentarán provocar situaciones de superioridad para dejar un hombre libre y jugar con él para hacer gol.

Tarea N° 38	Objetivo Principal	Mejora del concepto de *jugador/a libre*
	Jugadores/as	8 (P+3x3+P)

Explicación

JGS distribuidos como en la imagen, PT tendrá que provocar una situación de 2 contra uno o atraer a JGS del equipo contrario para encontrar jugador/a libre para avanzar y hacer gol. Si el rival roba intenta hacer gol y cambian los roles.

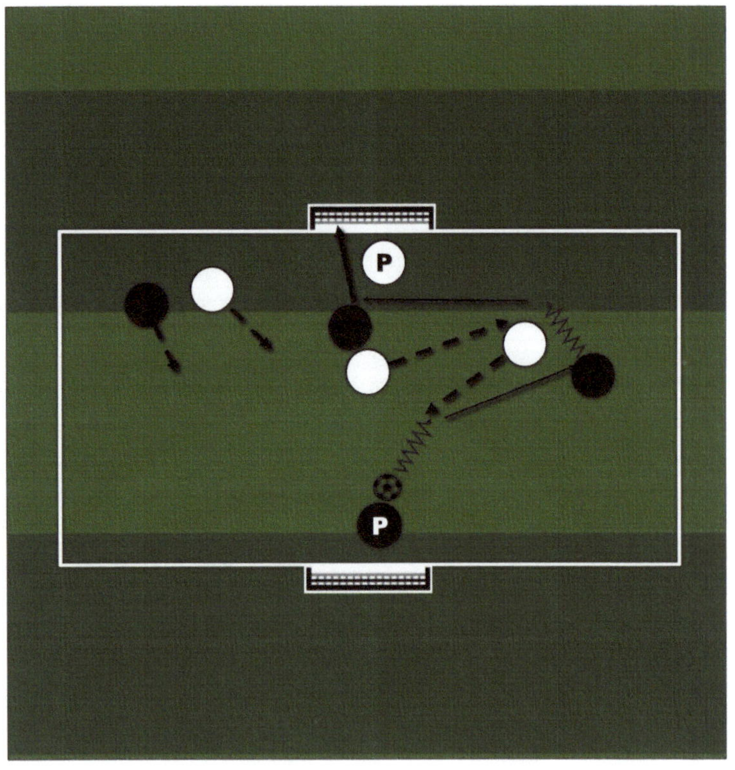

Tarea N° 39	Objetivo Principal	Mejora del concepto de *jugador/a libre*
	Jugadores/as	18 (P+2+6x6+2+P)

Explicación

En un hexágono se juega 6 contra 6 con dos JGS por fuera cada equipo y con PTS. Cuando un/a JG pasa a uno/a de los 2 que está fuera, cambian la posición entre ellos (no pudiendo devolvérsela al mismo jugador que le pasó el balón).

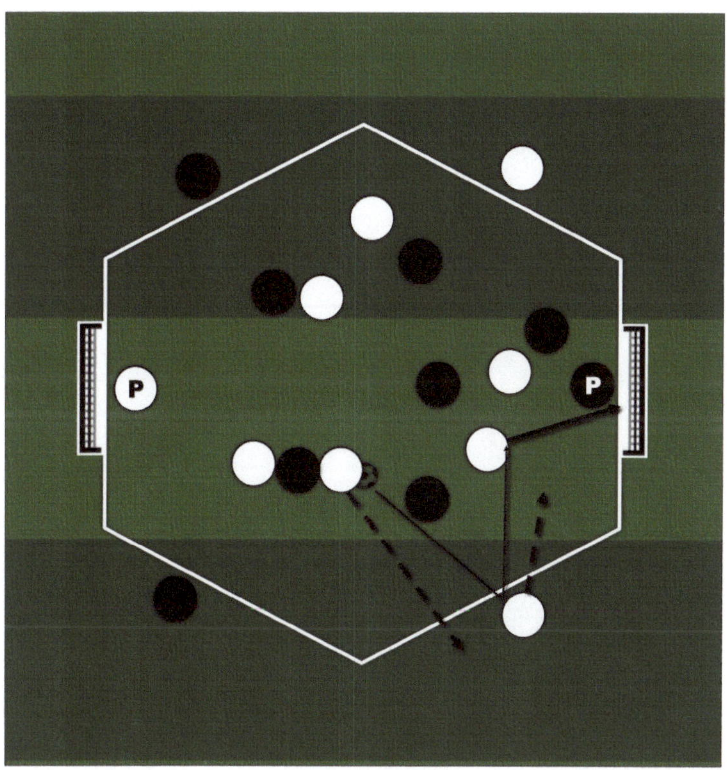

Tarea N° 40	Objetivo Principal	Mejora del concepto de *jugador/a libre*
	Jugadores/as	14

Explicación

JGS se distribuyen como en la imagen. El equipo blanco hará una salida de balón buscando apoyarse en uno de JGS más adelantados, que irán a recibir al rectángulo donde sólo ellos pueden entrar para dejar de cara a un/a compañero/a y hacer 2 contra 1 en cualquiera de las porterías defendidas por PTS.

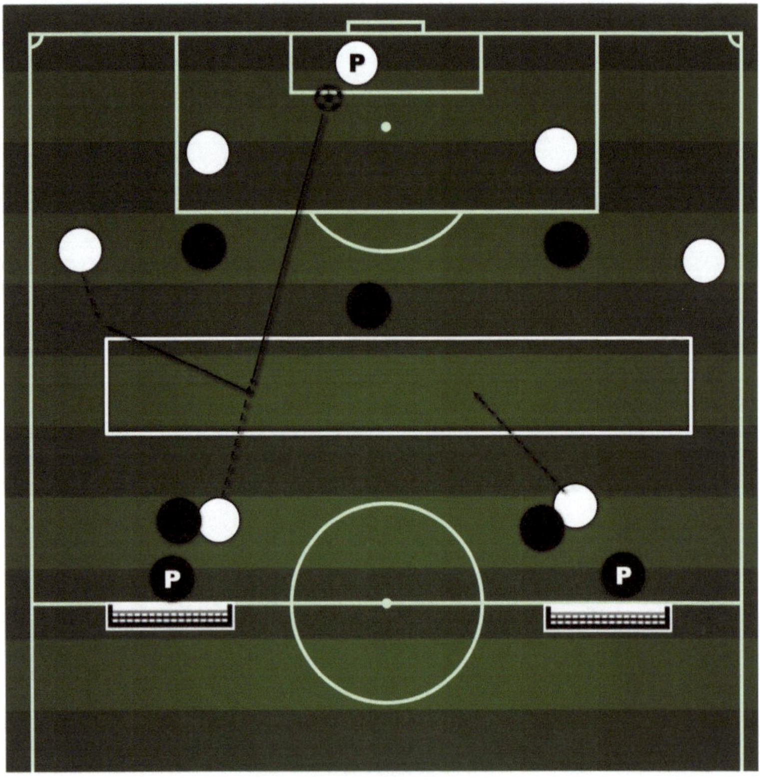

Tarea N° 41	Objetivo Principal	Mejora del concepto de *jugador/a libre*
	Jugadores/as	11

Explicación

JGS se distribuyen como en la imagen. El equipo blanco intentará con una línea de 4 que el balón no llegue a los delanteros, que intentarán recibir por detrás de ella para finalizar. Cuando lo hagan serán presionados en el tiro. Si interceptan un pase la línea de 4 podrán hacer 2 contra 1 (+P) en las porterías del centro del campo.

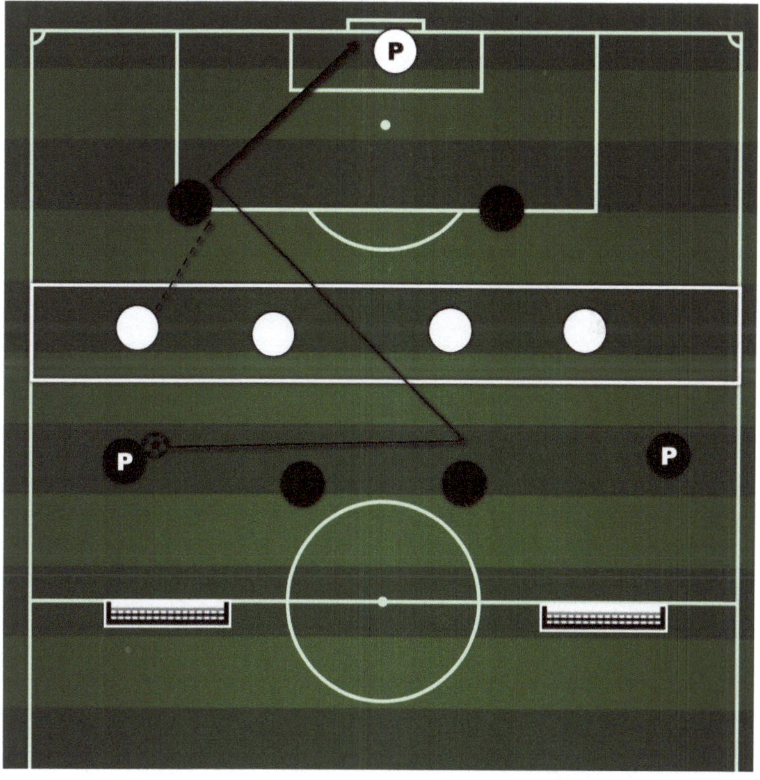

Tarea N° 42	Objetivo Principal	Mejora del concepto de *jugador/a libre*
	Jugadores/as	18 (P+8x8+P)

Explicación

JGS se distribuyen como en la imagen. JGS de cada zona decidirán para ir a presionar cuando esté el balón en la siguiente zona. JGS con balón solo podrán pasar a la última zona para atacar en situación de 2 contra 1. Si un equipo roba, cambiarán los roles.

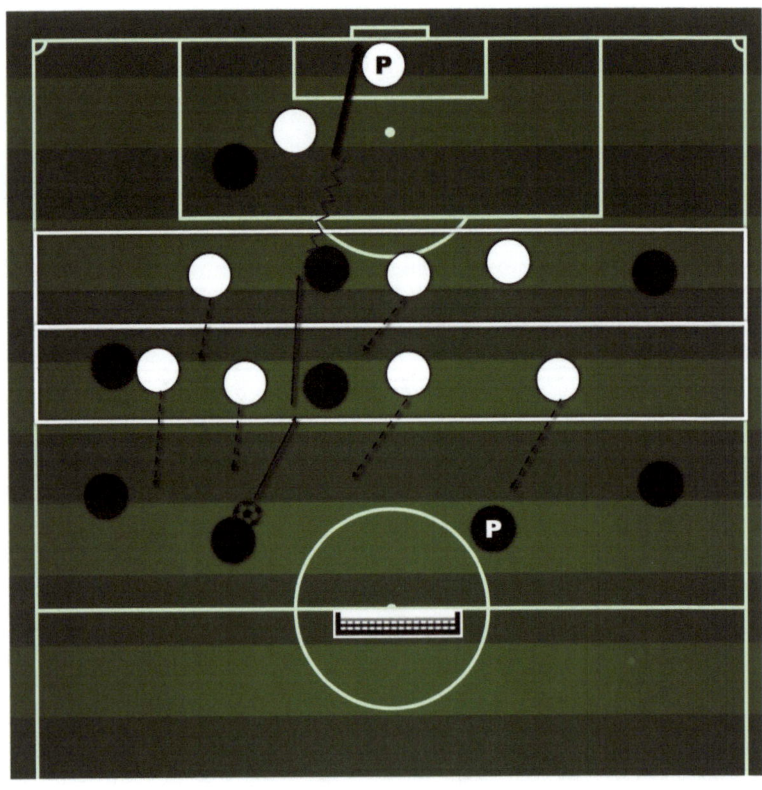

Tarea N° 43	Objetivo Principal	Mejora del concepto de *jugador/a libre*
	Jugadores/as	14 (P+2+4x4+2+P)

Explicación

JGS se distribuyen como en la imagen. Jugarán 4 contra 4 en el centro teniendo que encontrar al compañero/a libre para atacar la portería. Cuando reciba, todos JGS podrán pasar a la zona donde se encuentran los más adelantados.

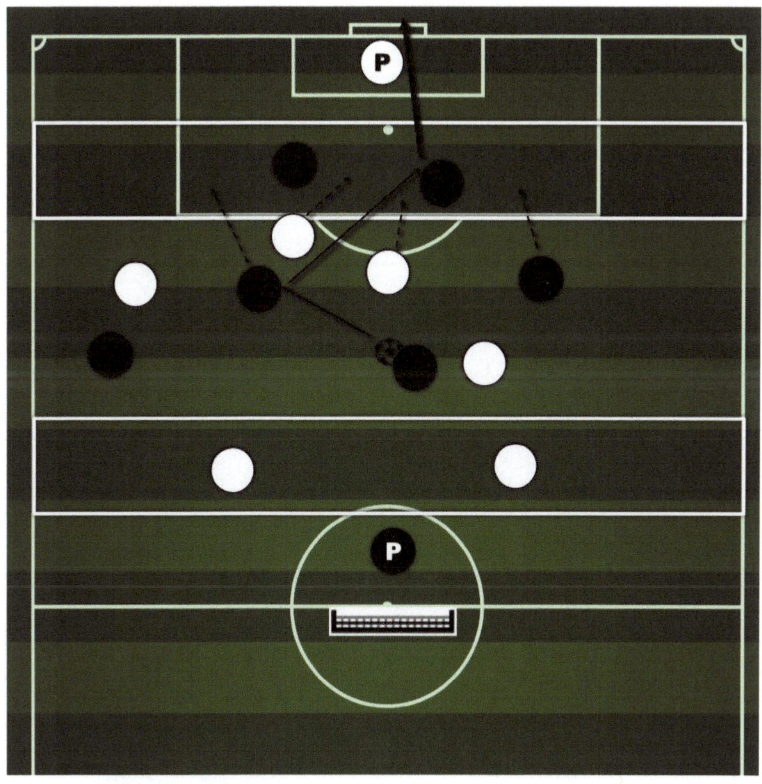

Tarea N° 44	Objetivo Principal	Mejora del concepto de *jugador/a libre*
	Jugadores/as	18 (P+6x6+P+4)

Explicación

JGS distribuidos como en la imagen. Los comodines participarán con el equipo poseedor del balón y sólo se moverán como apoyos en las líneas de banda.

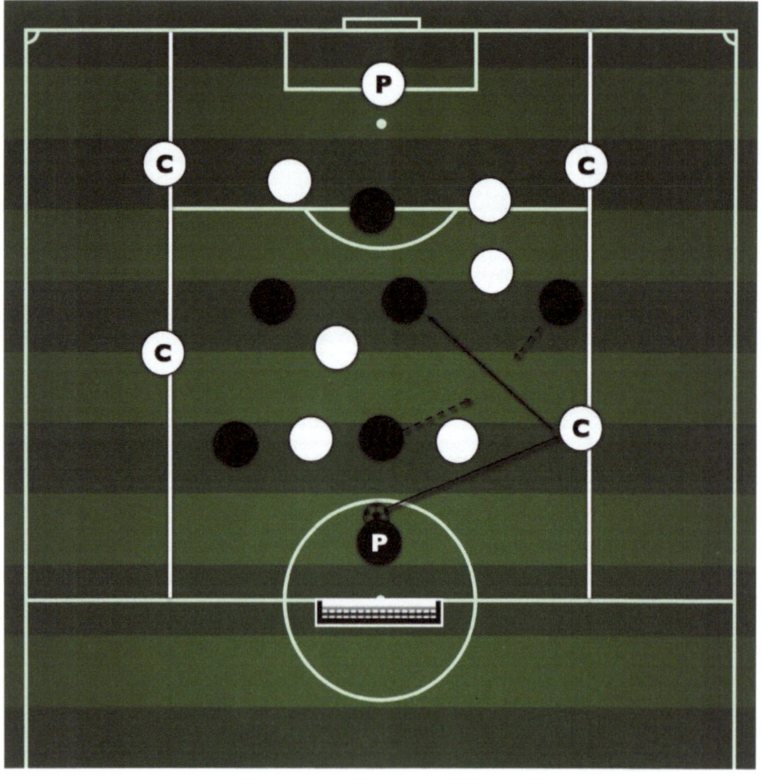

Tarea N° 45	Objetivo Principal	Mejora del concepto de *jugador/a libre*
	Jugadores/as	14 (P+1+5x5+1+P)

Explicación

JGS distribuidos como en la imagen con marcaje al hombre dentro del cuadrado intentarán jugar con jugador/a libre para poder salir del cuadrado (el que tiene el balón para atacar y el que no lo tiene para defender) y hacer gol. Si un equipo recupera fuera del cuadrado intenta jugar con su jugador libre para atacar la portería rival.

Tarea N° 46	Objetivo Principal	Mejora del concepto de *jugador/a libre*
	Jugadores/as	20 (P+8x 8+2+P)

Explicación

Los equipos juegan un partido a campo completo no pudiendo ocupar la zona delimitada de las bandas, con 8 JGS cada uno por dentro, PTS y 2 comodines exteriores que cuando reciben juegan para el equipo que les pasó, pudiendo entrar para participar en el juego. En caso de que un equipo recupere el balón, los comodines volverán a su posición exterior para jugar con el equipo que recuperó.

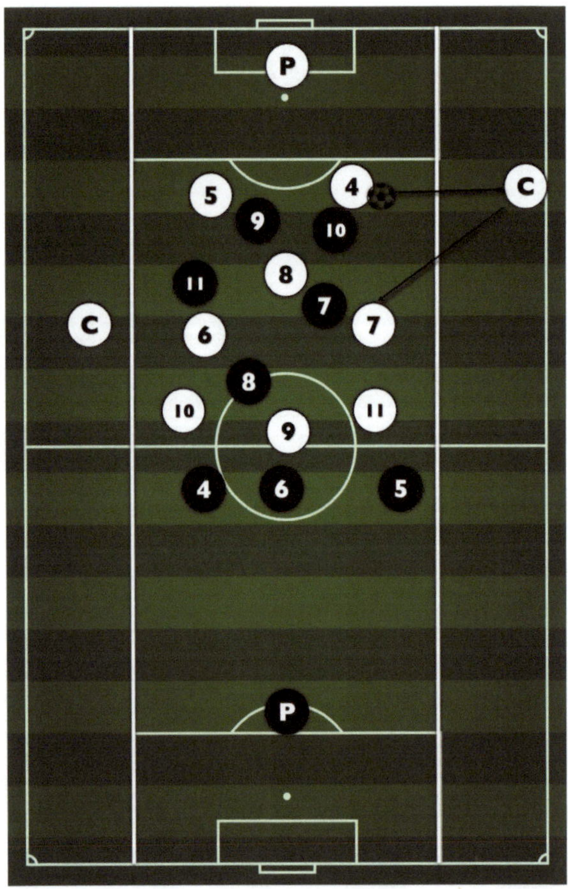

Tarea N° 47	Objetivo Principal	Mejora del concepto de *jugador/a libre*
	Jugadores/as	22

Explicación

Partido con el campo dividido como en la imagen en el que se reserva una franja en el centro del campo para las salidas en que sólo podrá ser ocupada por JGS del equipo poseedor del balón para que sus compañeros los encuentren como hombres libres.

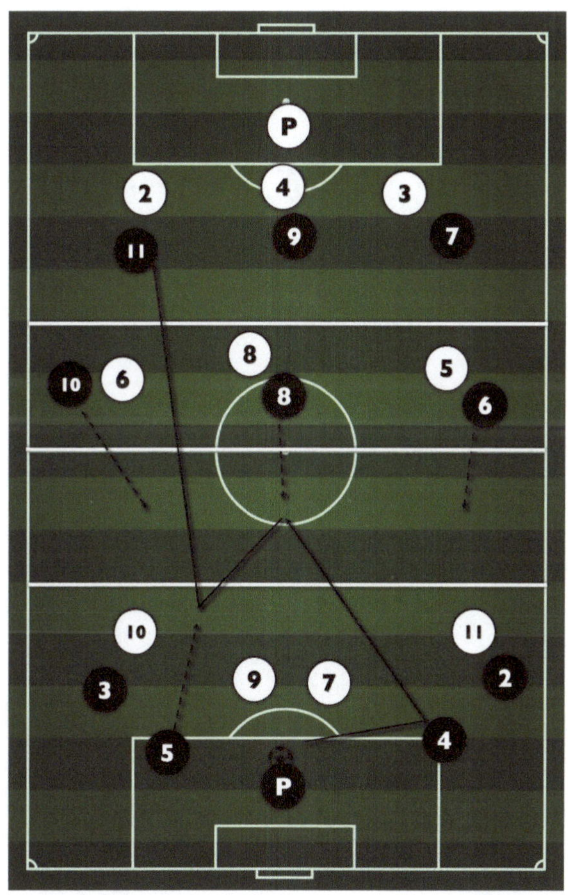

Tarea N° 48	Objetivo Principal	Mejora del concepto de *jugador/a libre*
	Jugadores/as	22 (P+10x10+P)

Explicación

Partido con dos cuadrados que solo podrán ser ocupados por JGS del equipo poseedor del balón, pero no de forma simultánea (sólo de uno en uno) y nunca pueden entrar con el balón en conducción, pero si salir conduciendo.

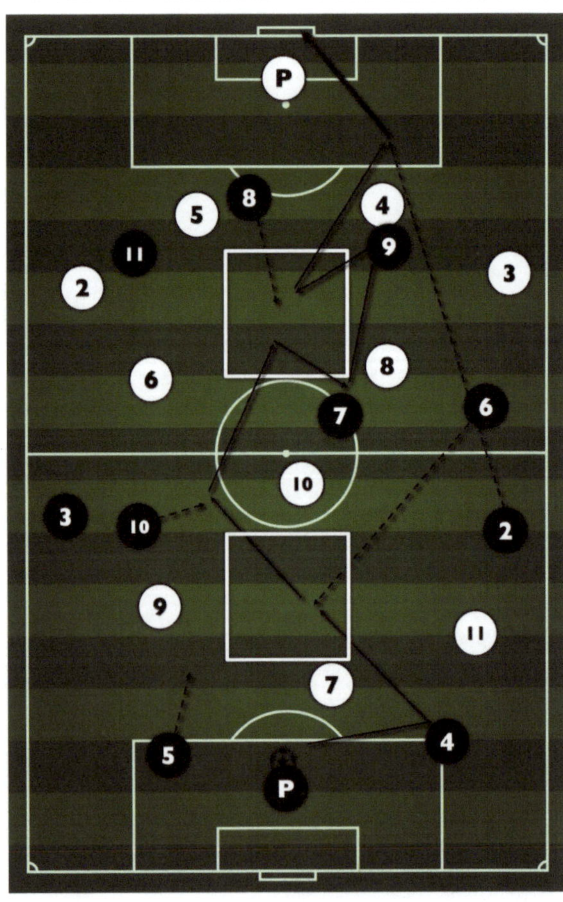

Tarea N° 49	Objetivo Principal	Mejora del concepto de *jugador/a libre*
	Jugadores/as	22 (P+3+7x7+3+P)

Explicación

Partido con con un pasillo central en campo propio para cada equipo (como en la imagen) en los que sólo pueden jugar los 3 JGS del equipo poseedor del balón cuando tiene el balón su equipo. Cuando un equipo no tiene el balón sólo pueden interceptar los pases del rival los del pasillo del otro equipo. Demás JGS, tendrán libertad para moverse, pero nunca podrán tocar el balón en esos pasillos.

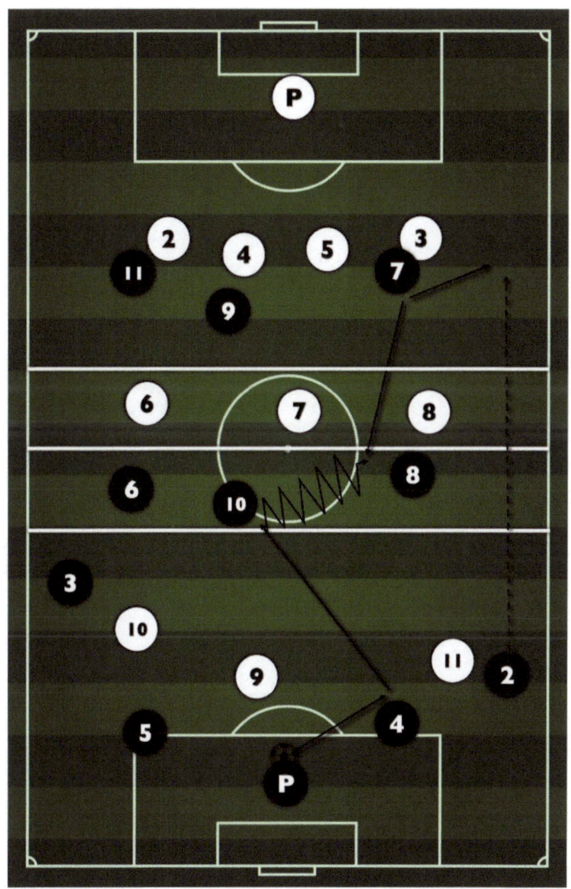

Tarea Nº 50	Objetivo Principal	Mejora del concepto de *jugador/a libre*
	Jugadores/as	22

Explicación

-68-

Partido con el campo dividido en 5 zonas en las que JGS solo puede cambiar de zona cuando su equipo tiene el balón. En las zonas donde están las porterías podrán entrar todos JGS del equipo que defiende cuando lo haga llegar allí el equipo que ataca.

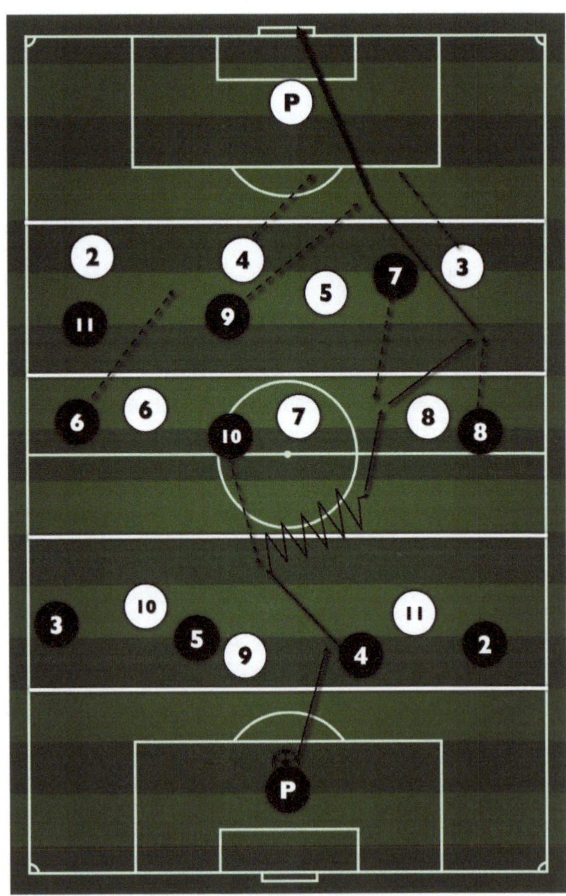

EDITORIAL WANCEULEN

BIBLIOGRAFÍA

- Tamarit, X. (2007): *¿Qué es la periodización Táctica?* Editorial M.C. Sports.
- Castellano, J y Casamichana, D. (2016): *El arte de planificar en fútbol.* Editorial Fútbol de Libro.
- Portugal, M. A. (2018): *El entrenamiento en Fútbol. Rondos y mantenimientos.* Editorial Lisma.
- Juan Sánchez, D. (2016): *La Periodización Táctica en Fútbol Base y Aficionado: Aplicación práctica para categoría infantil, cadete, juvenil o aficionado.* Autoedición.
- Conde, M. (2000): *Contraataque.* Instituto Monsa de Ediciones.
- Couto, A. (2015): *Las grandes escuelas del Fútbol Moderno.* Editorial Fútbol de libro.
- Bangsbo, J. y Peitersen, B. (2002): *Fútbol: Jugar en defensa.* Editorial Paidotribo. Barcelona.
- Castellano, Julen y Casamichana, David (2016): *El arte de planificar en fútbol,* Editorial Futbol de libro.
- Castellano, Julen; Casamichana, David y San Román, Jaime (2015): *Los juegos reducidos en el entrenamiento del fútbol.* Editorial Futbol de libro.
- Cano Moreno, Oscar (2010): *Fútbol: Entrenamiento global basado en la interpretación del juego.* Editorial Wanceulen.
- López López, Javier (2009): *Fundamentos tácticos ofensivos.* Editorial Wanceulen.
- López López, Javier (2009): *Fundamentos tácticos defensivos.* Editorial Wanceulen.
- López López, Javier (2009): *500 juegos para el entrenamiento físico con balón.* Editorial Wanceulen.
- López López, Javier (2009): *400 tareas integradas para el entrenamiento de la táctica ofensiva.* Editorial Wanceulen.
- López López, Javier; Wanceulen Moreno, Antonio; Wanceulen Moreno, José F. y Bernal Ruiz, Javier (2009): *225 juegos para el entrenamiento integrado del pase en el fútbol.* Editorial Wanceulen.

- González, Alberto (2013): *Fútbol. Dinámica del juego desde la perspectiva de las transiciones.* Editorial Learning 11.

- Fradua, Luis (1997): *La visión periférica del futbolista.* Editorial Paidotribo.

- Mayer, R. (1996): *Fichas de fútbol. 120 juegos de ataque y defensa.* Hispano Europea. Barcelona.

- Garganta, J. y Pinto, J. en Graça, A. y Oliveira, J. (1997): *La enseñanza de los juegos Deportivos.* Editorial Paidotribo.

- Castelo, J. (1999): *Futbol. Estructura y dinámica del juego.* Editorial INDE. Barcelona.

- Caneda, R. (1999): *La zona en Fútbol.* Editorial Wanceulen. Sevilla.

- Seirul´lo, F. (1999): *Criterios modernos del entrenamiento en el fútbol.* Revista Training Fútbol. Valladolid.

- García Ocaña, Francisco (2008): *Fútbol y Fútbol sala: 250 actividades sociomotrices.* Editorial Paidotribo. Barcelona.

- López López, Javier (2013): *Fútbol: Senior (2013): 175 fichas de sesiones de entrenamiento.* Editorial Wanceulen. Sevilla.

- López López, Javier (2013): *Fútbol: Juveniles: 160 fichas de sesiones de entrenamiento.* Editorial Wanceulen. Sevilla.

- López López, Javier (2009): Fútbol: *1380 Juegos globales para el aprendizaje y perfeccionamiento de la técnica ofensiva y defensiva.* Editorial Wanceulen. Sevilla.

- López López, Javier (2008): *Fútbol: Cadetes: 160 fichas de sesiones de entrenamiento.* Editorial Wanceulen. Sevilla.

- López López, Javier (2013): *Fútbol: Infantiles: 120 fichas de sesiones de entrenamiento.* Editorial Wanceulen. Sevilla.

- López López, Javier (2008): *Fútbol: Alevines: 120 fichas de sesiones de entrenamiento.* Editorial Wanceulen. Sevilla.

- López López, Javier (2013): *Fútbol: Benjamines: 80 fichas de sesiones de entrenamiento.* Editorial Wanceulen. Sevilla.

- López López, Javier (2009): *Fútbol: Prebenjamines: 80 fichas de sesiones de entrenamiento.* Editorial Wanceulen. Sevilla.

www.ingramcontent.com/pod-product-compliance
Lightning Source LLC
LaVergne TN
LVHW051454180726
843512LV00001B/27